# BEI GRIN MACHT SICH IHR WISSEN BEZAHLT

- Wir veröffentlichen Ihre Hausarbeit, Bachelor- und Masterarbeit

- Ihr eigenes eBook und Buch - weltweit in allen wichtigen Shops

- Verdienen Sie an jedem Verkauf

Jetzt bei www.GRIN.com hochladen und kostenlos publizieren

# Dokumentation zum Aufsetzen einer Fotodatenbank

**Bibliografische Information der Deutschen Nationalbibliothek:**

Die Deutsche Nationalbibliothek verzeichnet diese Publikation in der Deutschen Nationalbibliografie; detaillierte bibliografische Daten sind im Internet über http://dnb.d-nb.de abrufbar.

ISBN: 9783346791979
Dieses Buch ist auch als E-Book erhältlich.

Druck und Bindung: Books on Demand GmbH, Norderstedt Germany
Gedruckt auf säurefreiem Papier aus verantwortungsvollen Quellen

Das vorliegende Werk wurde sorgfältig erarbeitet. Dennoch übernehmen Autoren und Verlag für die Richtigkeit von Angaben, Hinweisen, Links und Ratschlägen sowie eventuelle Druckfehler keine Haftung.

Das Buch bei GRIN: https://www.grin.com/document/1314742

**Hochschule Magdeburg- Stendal**

Fachbereich Ingenieurwissenschaften und Industriedesign

Wirtschaftsinformatik

Dokumentation

Dokumentation zum Aufsetzen einer Fotodatenbank

Abgabetermin: 20.01.2020

# Inhaltsverzeichnis

# 1. Kurzreferat (Deutsch)

Ziel war es eine Datenbankanwendung zu erstellen, mit der der Anwender Digitalfotos mit Stichworten verwalten kann. Bestandteil der Anwendung sollte sein, Personen sowie Sehenswürdigkeiten o.ä. auf den Fotos erfassen zu können. Um eine bessere Sinnhaftigkeit und vereinfachte Bedienung der Anwendung zu erreichen, wurden für sich wiederholende Angaben Nachschlagemöglichkeiten in Form von Abfragen erstellt. Die Verwaltung der Funktionen der Fotos wird im Formular „Foto" realisiert. Um Angaben und auf dem Foto befindlichen Personen zu einem bestimmten Foto einsehen zu können, wurden Berichte wie „UserFotoVZ" und „PersonenVZ" erstellt. Des Weiteren ist es im Bericht „PersonenVZ" möglich, weitere Informationen (wie Geburtstag, Geschlecht, Haar- und Augenfarbe) der jeweiligen Personen einsehen und hinterlegen zu können.

# 2. Kurzreferat (Englisch)

The goal was to create a database application with which the user can manage digital photos with keywords. Part of the application should be to be able to enter people as well as sights or similar on the photos. To make the application more meaningful and easier to use, reference options in the form of queries were created for repetitive information. The administration of the functions of the photos is realized in the form "Photo". In order to be able to view information and the persons on the photo for a specific photo, reports such as "UserFotoVZ" and "PersonalVZ" have been created. Furthermore, it is possible to view further information (such as birthday, gender, hair and eye colour) of the respective persons in the report "PersonenVZ".

# 3. Aufgabenstellung

### Thema 35 Datenbank „Foto"
Erstellen Sie eine Datenbankanwendung, mit der eine Person Digitalfotos mit Stichworten verwalten kann. Erfassen Sie außerdem, welche Personen etc. auf dem Foto zu sehen sind. Nutzen Sie für sich wiederholende Angaben Nachschlagemöglichkeiten. Erstellen Sie ein Formular mit allen Verwaltungsfunktionen für ein Foto. Erstellen Sie außerdem Berichte mit allen Angaben zu einem Foto und nach Themen oder Stichworten sortierten Verzeichnissen.

### Unsere Interpretation aus der Aufgabenstellung „Foto"
Wir haben uns eine Datenbank vorgestellt, die das Verarbeiten/ Verwalten von Fotos so einfach wie möglich gestaltet. Des Weiteren sollte es eine ansprechende Anwendungsoberfläche besitzen, damit wir beim Anwender (Freizeitanwender, Berufsanwender etc.) eine möglichst hohe Technologieakzeptanz erzielen.
Zu den oben genannten Punkten der Aufgabenstellung, war uns das Thema Datenschutz sehr wichtig, weswegen wir den Anwender von einem Administrator der Datenbank abgrenzen wollten.
Durch die oben beschriebenen Punkte hatten wir genug Freiraum, um uns mit der Aufgabenstellung zu entfalten, das Ergebnis unserer Interpretation ist unsere Datenbank.

# 4. Vorüberlegung / UML Datenmodell Version 1 und Version 2

## 4.1 Version 1.0

**UML- Methode:**

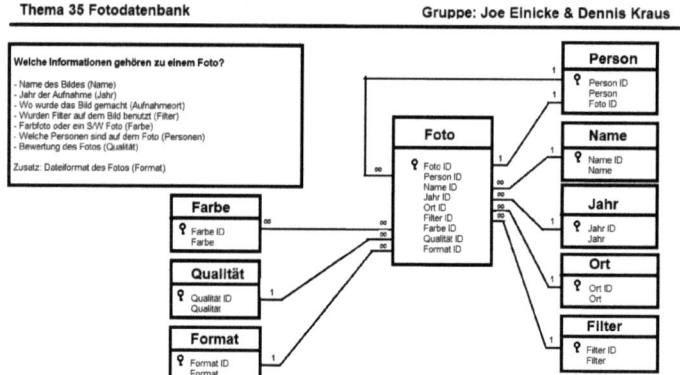

Nach einem Brainstorming wurde diese Modellform gewählt, da diese Modellierung auch in der Offlice- Application „Access" verwendet wird. Wir sind auf die oben dargestellten Beziehungen gekommen, da sie am Besten mit unserer Idee einer Fotodatenbank in Verbindung stand.

Aus der oberen Modellierung kann man erkennen, dass „Foto" unsere Mastertabelle ist und fast ausschließlich aus Fremdschlüsseln besteht.

## 4.2 Version 2.0

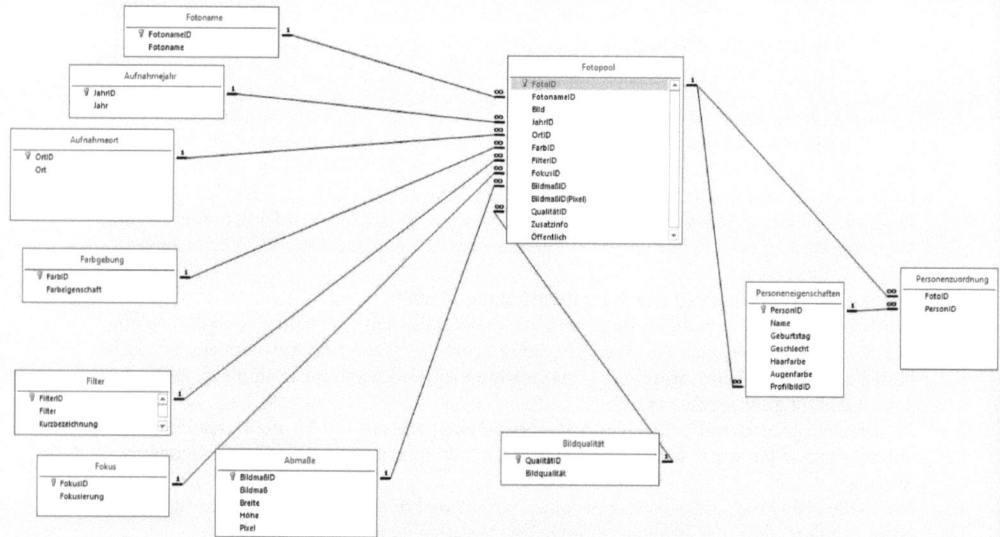

Aus unserer zweiten Version kann man sehen, dass wir uns dazu entschieden haben weitere Zuordnungen einzupflegen z.B. treffen wir eine weitere Annahme in der Personenzuordnung, jedes Foto wird zu den darauf abgebildeten Personen zugeordnet. Des Weiteren besteht die Möglichkeit, jeder Person ein Profilbild zuzuordnen.

# 5. Dokumentation

## 5.1 Tabellen

### 5.1.1 Mastertabelle

→ Begonnen wurde mit Erstellung der Mastertabelle „Fotopool" von welcher später alle Beziehungen ausgehen sollen.

**Fotopool**

| Feldname | Felddatentyp | Beschreibung (optional) |
|---|---|---|
| FotoID | AutoWert | automatisch generierter Primärschlüssel des Fotos |
| FotonameID | Zahl | Fremdschlüssel für Fotoname |
| Bild | OLE-Objekt | Datei für Bildarchiv |
| JahrID | Zahl | Fremdschlüssel für Aufnahmejahr des Bilds |
| OrtID | Zahl | Fremdschlüssel für Aufnahmeort des Bilds |
| FarbID | Zahl | Fremdschlüssel für Farbgebung des Bilds |
| FilterID | Zahl | Fremdschlüssel für Filter des Bilds |
| FokusID | Zahl | Fremdschlüssel für Fokus des Bilds |
| BildmaßID | Zahl | Fremdschlüssel für Format des Bilds |
| BildmaßID(Pixel) | Zahl | Fremdschlüssel für die Pixelangabe |
| QualitätID | Zahl | Fremdschlüssel für Qualitätseigenschaften des Bilds |
| Zusatzinfo | Langer Text | zusätzliche Informationen zum Foto |
| Öffentlich | Ja/Nein | Sichtbarkeitseigenschaft |

### 5.1.2 Tabellen mit 1:n Beziehungen
→ Im nächsten Schritt wurden die Tabellen mit einer 1:n Beziehung erstellt.

#### 5.1.2.1 Tabelle: Fotoname

**Fotoname**

| Feldname | Felddatentyp | Beschreibung (optional) |
|---|---|---|
| FotonameID | AutoWert | automatischer Primärschlüssel |
| Fotoname | Kurzer Text | Fotoname bzw. Beschriftung des Fotos |

Funktion: Zuordnung des Fotonamens im Formular Foto.

#### 5.1.2.2 Tabelle: Aufnahmejahr

**Aufnahmejahr**

| Feldname | Felddatentyp | Beschreibung (optional) |
|---|---|---|
| JahrID | AutoWert | automatisch generierter Primärschlüssel |
| Jahr | Kurzer Text | Jahr der Aufnahme des Fotos |

Funktion: Zuordnung des Aufnahmejahres im Formular Foto.

#### 5.1.2.3 Tabelle: Aufnahmeort

**Aufnahmeort**

| Feldname | Felddatentyp | Beschreibung (optional) |
|---|---|---|
| OrtID | AutoWert | automatisch generierter Primärschlüssel |
| Ort | Kurzer Text | Land der Aufnahme des Fotos |

Funktion: Zuordnung des Aufnahmeortes im Formular Foto.

### 5.1.2.4 Tabelle: Farbgebung

| Feldname | Felddatentyp | Beschreibung (optional) |
|---|---|---|
| FarbID | AutoWert | automatisch generierter Primärschlüssel |
| Farbeigenschaft | Kurzer Text | Farbeigenschaft des Fotos |

Funktion: Zuordnung der Farbgebung im Formular Foto.

### 5.1.2.5 Tabelle: Filter

| Feldname | Felddatentyp | Beschreibung (optional) |
|---|---|---|
| FilterID | AutoWert | automatisch generierter Primärschlüssel |
| Filter | Kurzer Text | Name des Filters |
| Kurzbezeichnung | Kurzer Text | Kurzbezeichnung des Filters |
| Wirkung | Kurzer Text | Kurzbeschreibung was der Filter bewirkt |

Funktion: Zuordnung des Filters im Formular Foto.

### 5.1.2.6 Tabelle: Fokus

| Feldname | Felddatentyp | Beschreibung (optional) |
|---|---|---|
| FokusID | AutoWert | automatisch generierter Primärschlüssel |
| Fokussierung | Kurzer Text | Fokusobjekt |

Funktion: Zuordnung der Fokussierung im Formular Foto.

### 5.1.2.7 Tabelle: Abmaße

| Feldname | Felddatentyp | Beschreibung (optional) |
|---|---|---|
| BildmaßID | AutoWert | automatisch generierter Primärschlüssel |
| Bildmaß | Kurzer Text | Bildmaß |
| Breite | Zahl | Bildbreite |
| Höhe | Zahl | Bildhöhe |
| Pixel | Kurzer Text | Bildgröße in Pixel |

Funktion: Zuordnung der Abmaße im Formular Foto.

### 5.1.2.8 Tabelle: Bildqualität

| Feldname | Felddatentyp | Beschreibung (optional) |
|---|---|---|
| QualitätID | AutoWert | automatisch generierter Primärschlüssel |
| Bildqualität | Kurzer Text | Bewertung der Bildqualität |

Funktion: Zuordnung der Bildqualität im Formular Foto.

### 5.1.2.9 Tabelle: Personeneigenschaften

| Feldname | Felddatentyp | Beschreibung (optional) |
|---|---|---|
| PersonID | AutoWert | automatisch generierter Primärschlüssel |
| Name | Kurzer Text | Name der Person auf dem Foto |
| Geburtstag | Datum/Uhrzeit | Geburtstag der Person |
| Geschlecht | Kurzer Text | Geschlecht der Person |
| Haarfarbe | Kurzer Text | Haarfarbe der Person |
| Augenfarbe | Kurzer Text | Augenfarbe der Person |
| ProfilbildID | Zahl | zugewiesener Fremdschlüssel aus FotoID und wird als Profilbild gesetzt |

Funktion: Zuordnung der Personeneigenschaften im Formular Person.

### 5.1.2.10 Tabelle: Personenzuordnung

| Feldname | Felddatentyp | Beschreibung (optional) |
|---|---|---|
| FotoID | Zahl | Fremdschlüssel für den Fotonamen |
| PersonID | Zahl | Fremdschlüssel für Person(en) auf dem Foto |

Funktion: Zuordnung der Personen die auf dem Foto ersichtlich ist. Gleichzeitige Zuordnung im Formular Foto welches wiederum auf das Unterformular Personenzuordnung zugreift.

## 5.2 Abfragen

→ In diesem Schritt wurden die Abfragen mit dem Abfrageentwurf erstellt.
Ziel: Primärschlüssel/ID wird zu einer gewünschten, selbstdefinierten Eigenschaft zugeordnet. Die ausgegebenen Eigenschaften können nach Wunsch sortiert werden.

### 5.2.1 AbmaßeNS

### 5.2.2 FarbgebungNS

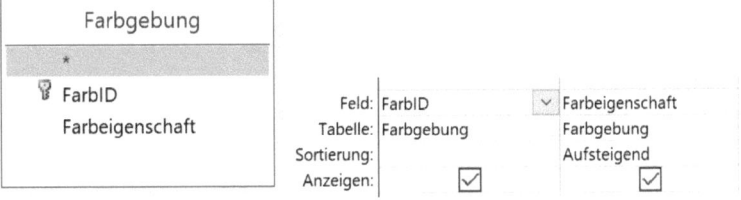

### 5.2.3 FokusNS

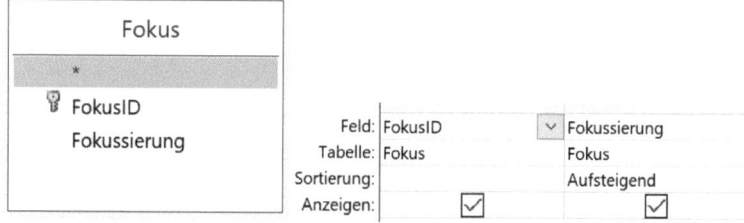

| Feld: | FokusID | ⌄ | Fokussierung |
|---|---|---|---|
| Tabelle: | Fokus | | Fokus |
| Sortierung: | | | Aufsteigend |
| Anzeigen: | ☑ | | ☑ |

### 5.2.4 FilterNS

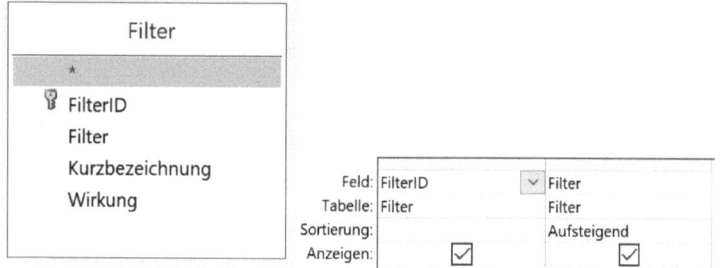

| Feld: | FilterID | ⌄ | Filter |
|---|---|---|---|
| Tabelle: | Filter | | Filter |
| Sortierung: | | | Aufsteigend |
| Anzeigen: | ☑ | | ☑ |

### 5.2.5   FotopoolNS

| Feld: | FotoID | ⌄ | FotonameID | Bild | JahrID | OrtID | FarbID | FilterID |
|---|---|---|---|---|---|---|---|---|
| Tabelle: | Fotopool | | Fotopool | Fotopool | Fotopool | Fotopool | Fotopool | Fotopool |
| Sortierung: | Aufsteigend | | | | | | | |
| Anzeigen: | ☑ | | ☑ | ☑ | ☑ | ☑ | ☑ | ☑ |

| Feld: | FilterID | FokusID | BildmaßID | BildmaßID(Pixel) | QualitätID | Zusatzinfo | [Fotopool]![Öffentlich] |
|---|---|---|---|---|---|---|---|
| Tabelle: | Fotopool | Fotopool | Fotopool | Fotopool | Fotopool | Fotopool | |
| Sortierung: | | | | | | | |
| Anzeigen: | ☑ | ☑ | ☑ | ☑ | ☑ | ☑ | ☐ |

→ Erläuterung: Aufgrund des Datenschutzes haben wir eine Abfrage erstellt, die nur die als sichtbar gekennzeichneten Fotos im Formular Foto anzeigt.

### 5.2.6 JahrNS

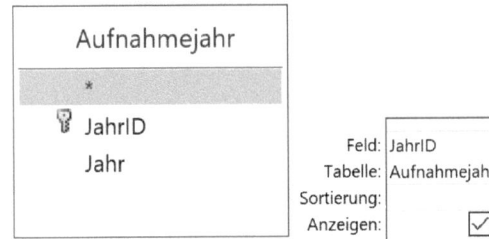

### 5.2.7 NameNS

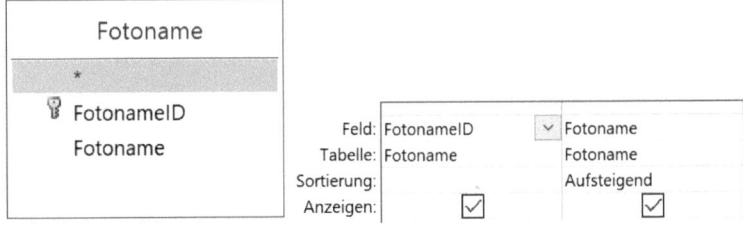

### 5.2.8 OrtNS

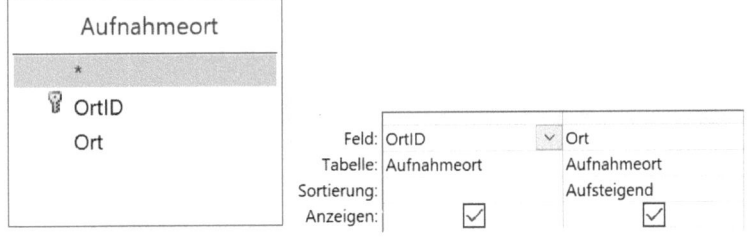

### 5.2.9 QualitätNS

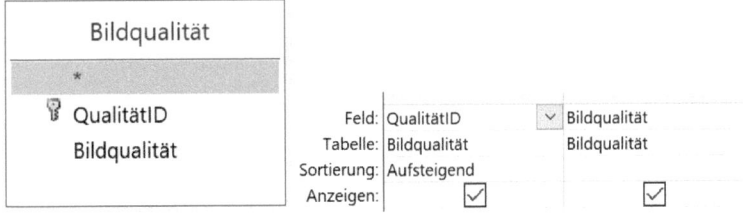

### 5.2.10 PixelNS

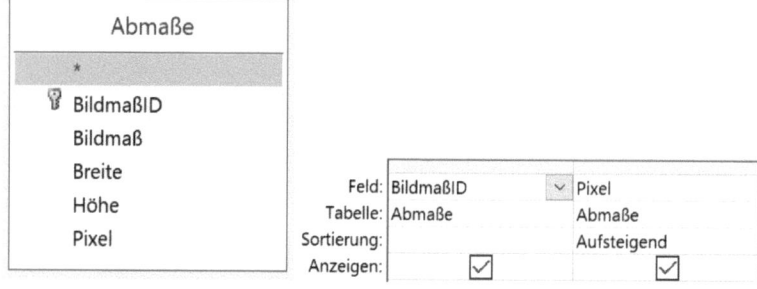

### 5.2.11 PersonNS

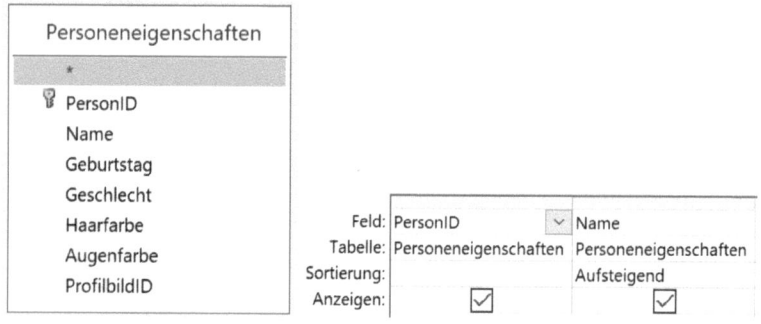

## 5.3 Formulare

➔ Die Formulare wurden alle mit dem Formularassistenten erstellt.

### 5.3.1 Formularerstellung: Abmaß

Herkunft des Datensatzes: Abmaß
Funktion: User-Formular zur Datensatzaufnahme.

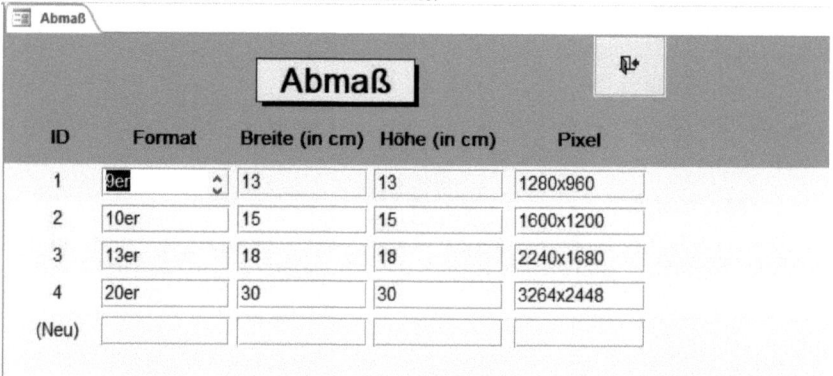

### 5.3.2 Formularerstellung: Aufnahmejahr
Herkunft des Datensatzes: Aufnahmejahr
Funktion: User-Formular zur Datensatzaufnahme.

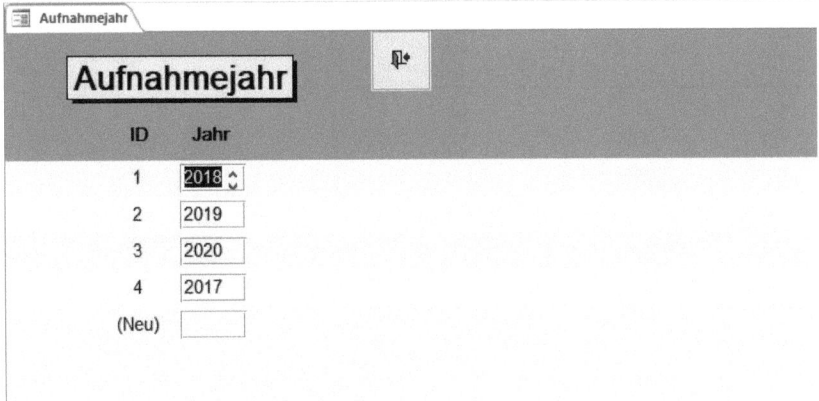

### 5.3.3 Formularerstellung: Aufnahmeort
Herkunft des Datensatzes: Aufnahmeort
Funktion: User-Formular zur Datensatzaufnahme.

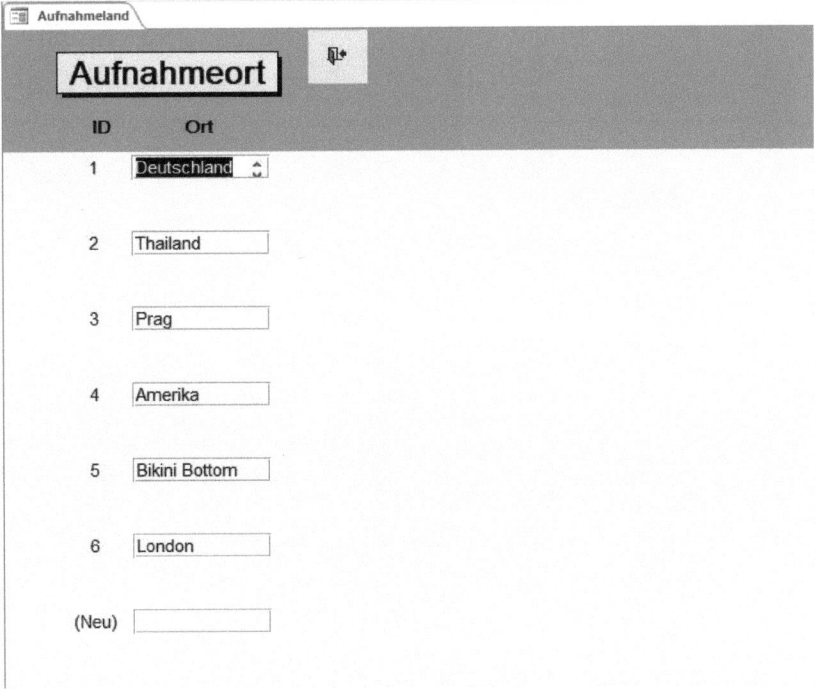

### 5.3.4 Formularerstellung: Bildqualität
Herkunft des Datensatzes: Bildqualität
Funktion: User-Formular zur Datensatzaufnahme.

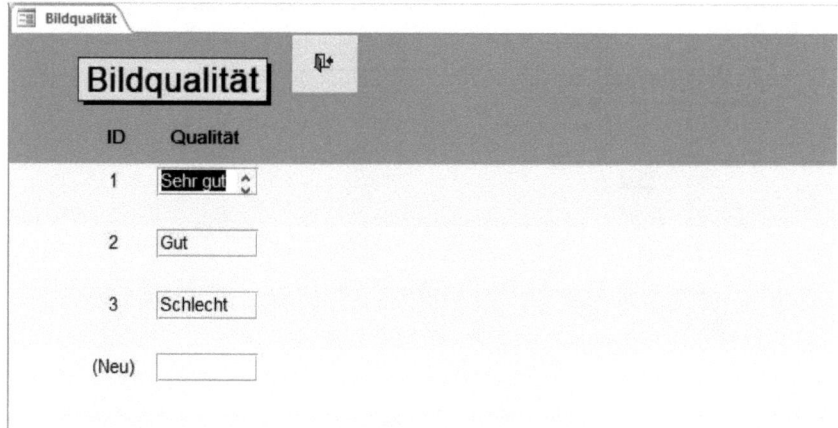

### 5.3.5 Formularerstellung: Farbgebung
Herkunft des Datensatzes: Farbgebung
Funktion: User-Formular zur Datensatzaufnahme.

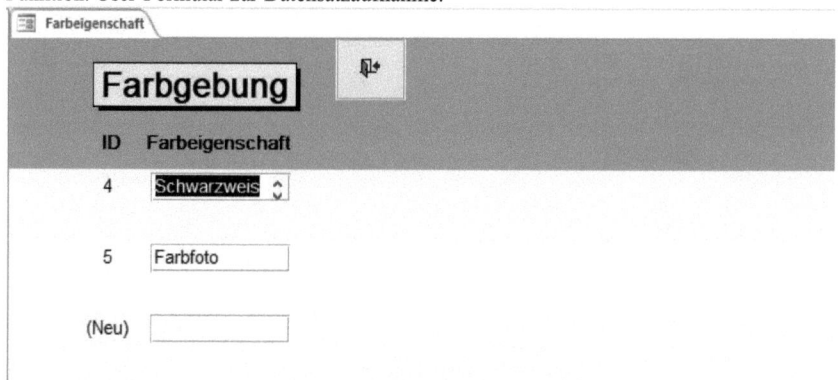

### 5.3.6 Formularerstellung: Filter

Herkunft des Datensatzes: Filter

Funktion: User-Formular zur Datensatzaufnahme

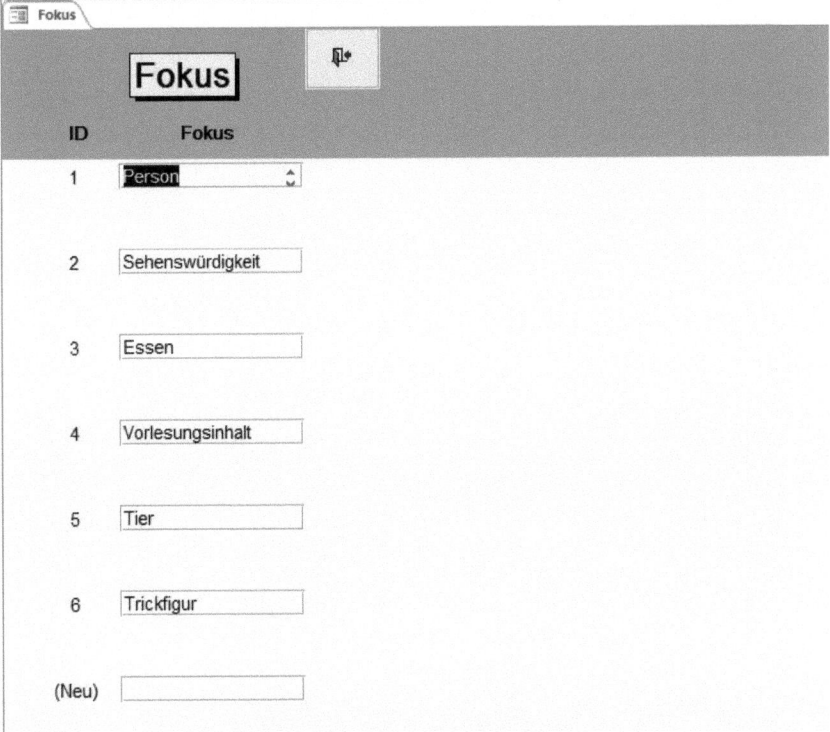

| ID | Filter | Abkürzung | Auswirkung |
|---|---|---|---|
| 1 | Snapchat- Filter | SCF | Animierte Filter |
| 2 | Instagram- Filter | IGF | Animierte Filter |
| 3 | Vintage- Effekt | Vin | Gebrauchsspuren einpflegen (Veralterung) |
| 4 | Lomo- Effekt | Lomo | Gewollte unschärfe an den Rändern des Bildes |
| 5 | Standard- Foto | Standard | |
| (Neu) | | | |

### 5.3.7 Formularerstellung: Fokus

Herkunft des Datensatzes: Fokus

Funktion: User-Formular zur Datensatzaufnahme.

| ID | Fokus |
|---|---|
| 1 | Person |
| 2 | Sehenswürdigkeit |
| 3 | Essen |
| 4 | Vorlesungsinhalt |
| 5 | Tier |
| 6 | Trickfigur |
| (Neu) | |

### 5.3.8 Formularerstellung: Foto
Herkunft des Datensatzes: FotopoolNS
Funktion: User-Formular zur Datensatzaufnahme.

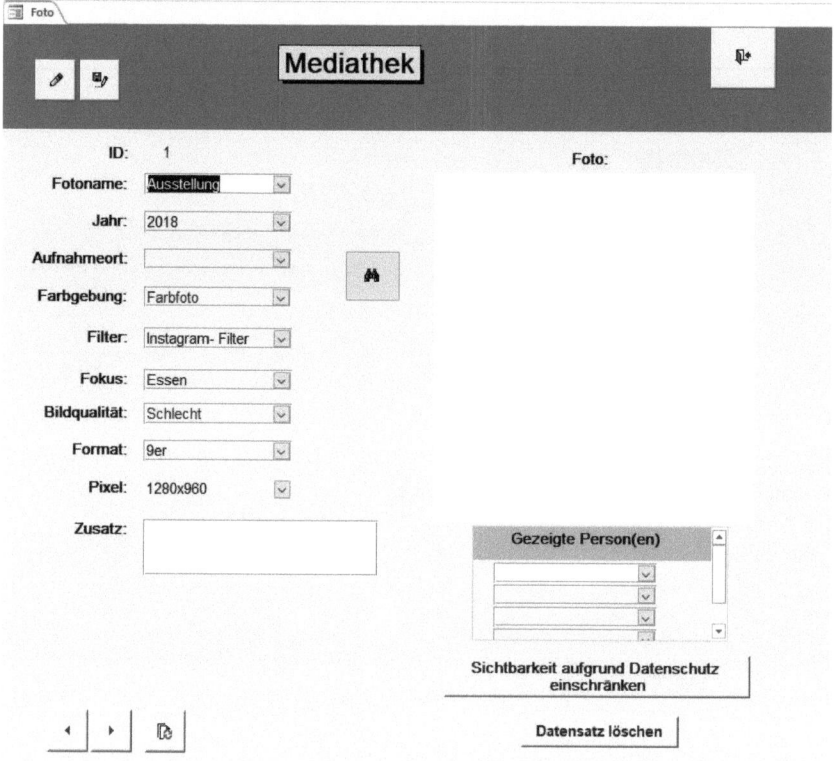

### 5.3.9 Formularerstellung: Fotoname

Herkunft des Datensatzes: Fotoname
Funktion: User-Formular zur Datensatzaufnahme.

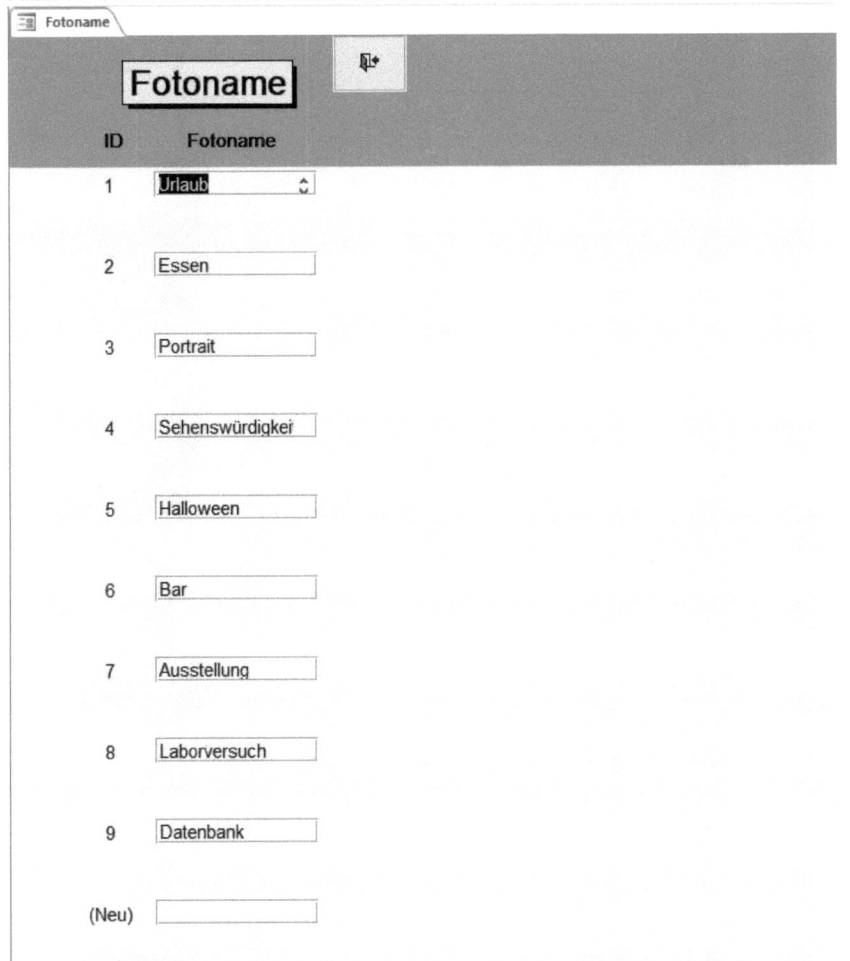

### 5.3.10 Formularerstellung: Person

Herkunft des Datensatzes: Personeneigenschaften

Funktion: User-Formular zur Datensatzaufnahme.

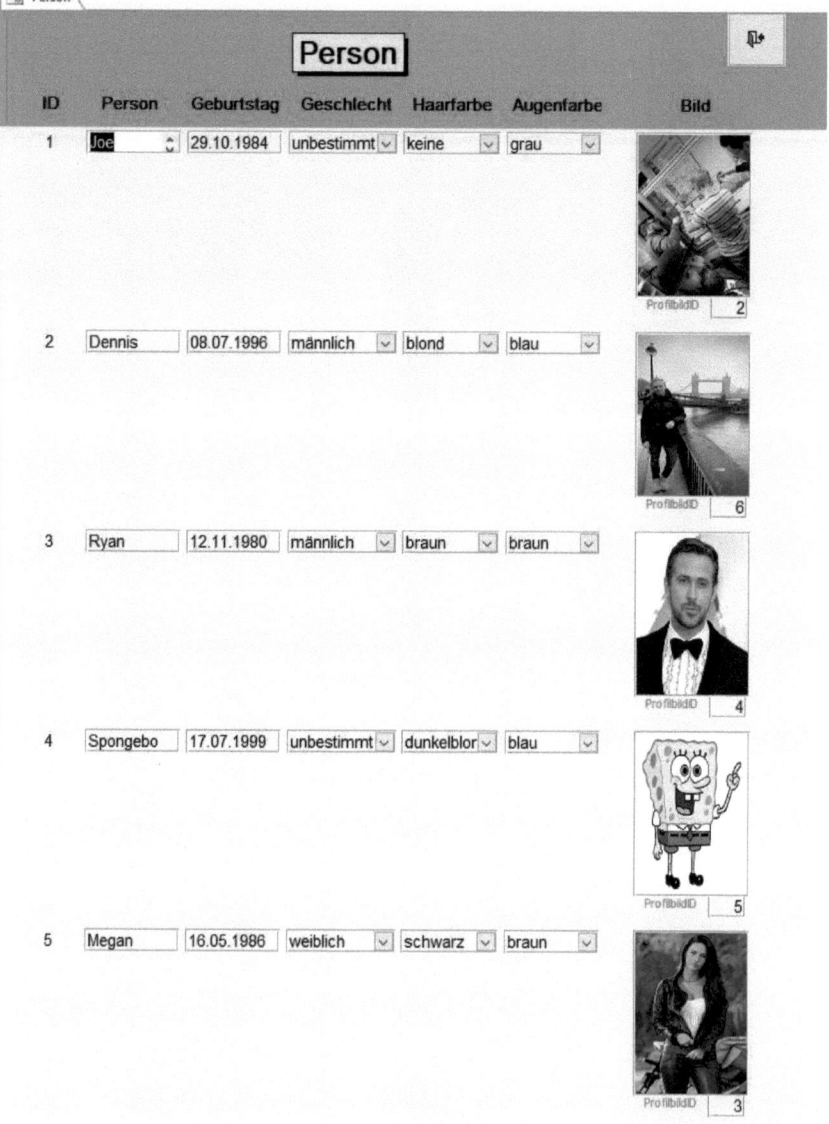

### 5.3.11 Formularerstellung: Personenzuordnung

Herkunft des Datensatzes: Personenzuordnung
Funktion: User-Formular zur Datensatzaufnahme.

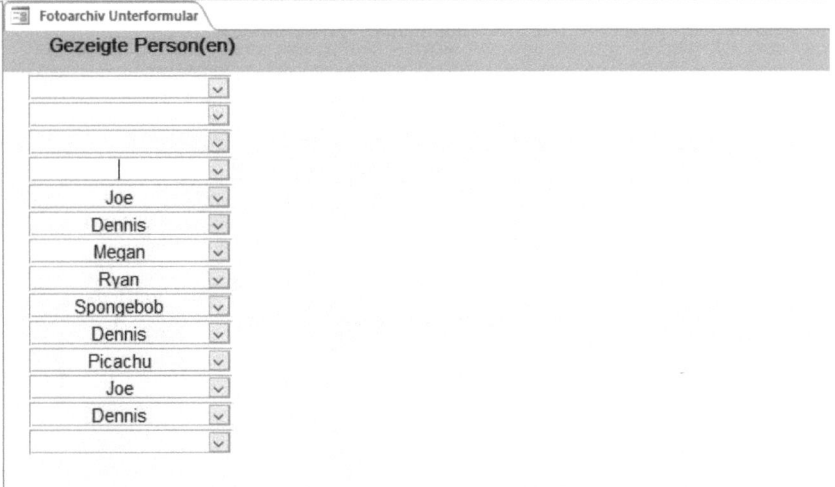

### 5.3.12 Formularerstellung: Start

Erläuterung: Anwendungsoberfläche über die der User die komplette Datenbankpflege betreiben und auf alle relevanten Formulare, Berichte sowie Tabellen zugreifen kann.

## 5.4 Berichte

→ Alle Berichte wurden mit dem Brichtsentwurfsassitenten erstellt.

### 5.4.1 AdminFotoVZ

Erläuterung: Identisch mit „UserFotoVZ" mit der Ausnahme, dass der „AminFotoVZ" nur mit einem Passwort für den Administrationsbereich aufgerufen werden kann, da dieser alle Fotos der Datenbank enthält, selbst die nicht als sichtbar aufgrund des Datenschutzes markiert wurden sind.

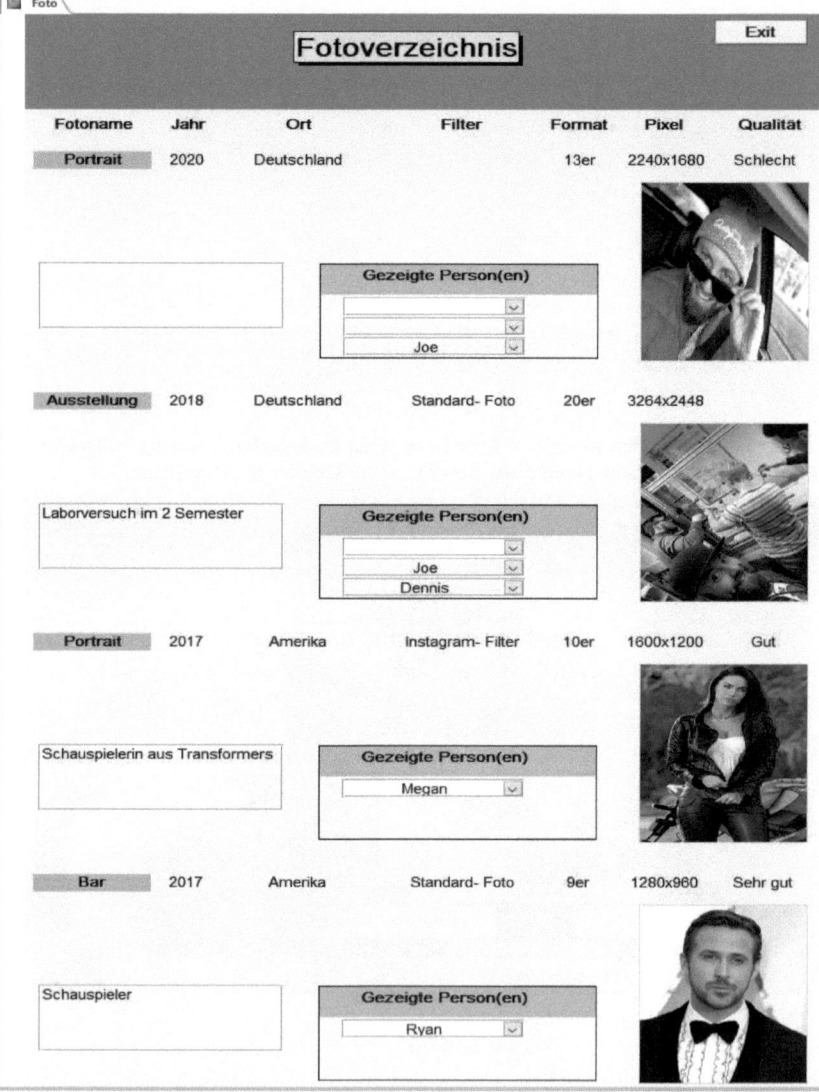

### 5.4.2 PersonenVZ

Erläuterung: Enthält eine Übersicht mit allen Personen, die auf dem Foto sichtbar sind und ihr Einverständnis gegeben haben.

| Person | Geburtstag | Geschlecht | Haarfarbe | Augenfarbe | Bild |
|--------|-----------|-----------|-----------|-----------|------|
| Picachu | | unbestimmt | keine | schwarz | |
| Megan | 16.05.1986 | weiblich | schwarz | braun | |
| Spongebob | 17.07.1999 | unbestimmt | dunkelblond | blau | |
| Ryan | 12.11.1980 | männlich | braun | braun | |
| Dennis | 08.07.1996 | männlich | blond | blau | |

### 5.4.3 UserFotoVZ

Erläuterung: Enthält eine Gesamtübersicht der Fotos, die als sichtbar gekennzeichnet sind.

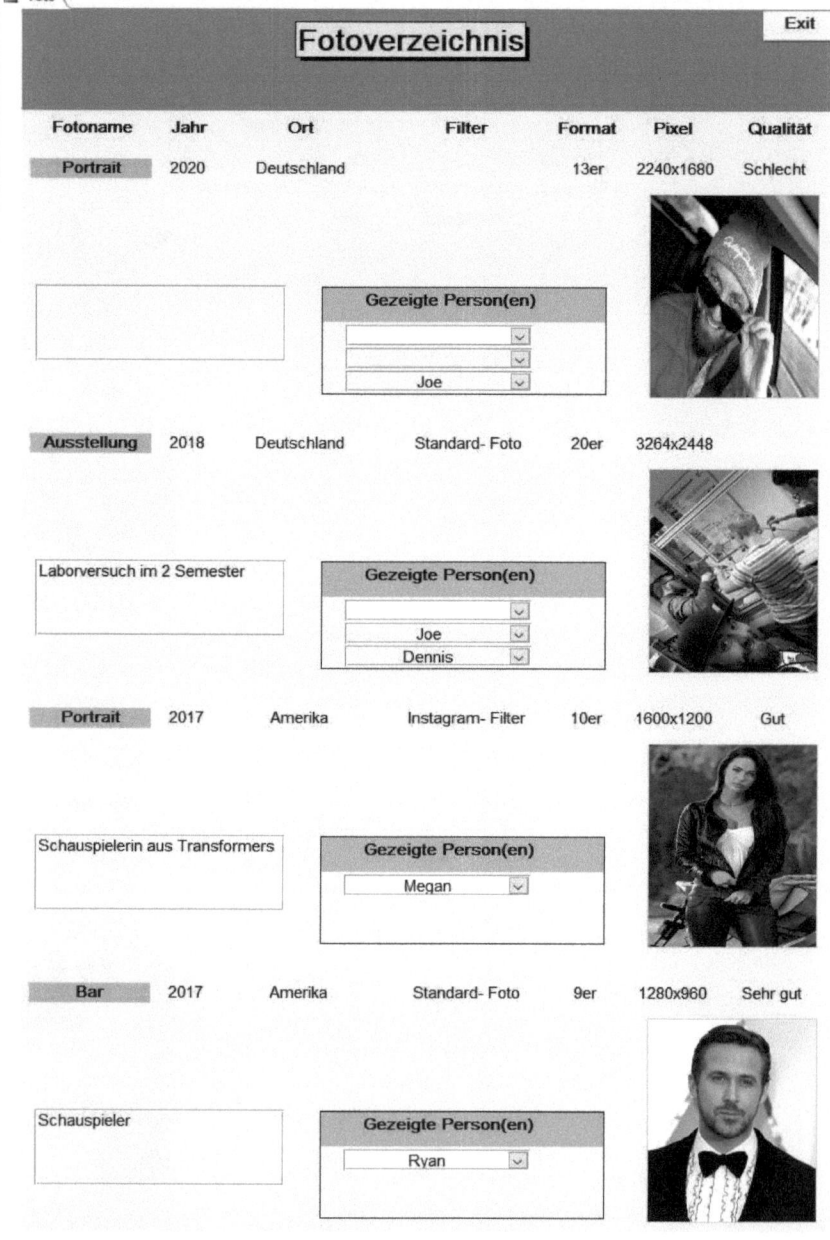

## 5.5 Erstellen der Befehlsschaltflächen

**Erstellen der Befehle**

Alle Befehle wurden mit dem Generator erstellt, mit der Ausnahme von zwei Zusatzbefehlen, die Ausschließlich für den Administrator der Datenbank zutreffen.
Beim Erstellen der Befehle wurde darauf geachtet, dass alle Formulare und Berichte im Dialogmodus geöffnet werden, sodass der Anwender nur die Anwendungsoberfläche „Start" benötigt und immer wieder dorthin zurück gelangt.
Wie bereits angeschnitten, gibt es zwei Befehlsschaltflächen, welche nur für die Nutzung mit Passwort freigegeben werden.
Die eine Schaltfläche befindet sich auf der Mediathek (Formular Foto) mit Namen „Sichtbarkeit aufgrund Datenschutzes einschränken", da es uns wichtig war, dass dieses sensible Thema bei Fotos aufgenommen wird.

```
Private Sub Befehl67_Click()
On Error GoTo Err_Befehl67_Click

   Dim stDocName As String
   Dim stLinkCriteria As String

stDocName = "Fotopool"
If MsgBox("Haben Sie wirklich eine Adminberechtigung und dürfen auf die Sichtbarkeit zugreifen?", vbYesNo + vbCritical, "Administration")
x = InputBox("Bitte geben Sie ihr Passwort ein!", "Passworteingabe")
If x = "Beleg2020" Then
MsgBox "Das Passwort ist korrekt, Sie gelangen in den Zugriffsgeschützten Bereich." _
& "Dort können Sie die Sichtbarkeit der Bilder einschränken.", vbInformation, "Beachten Sie den Datenschutz"
DoCmd.OpenTable stDocName, acViewNormal, acEdit
Else
MsgBox "Nur ein Admin hat Zugriff auf diesen Bereich, bitte geben Sie das richtige Passwort ein", vbExclamation, "Keinen Zugriff"
End If
Else
MsgBox "Nur ein Admin hat Zugriff auf diesen Bereich, bitte öffne den Userbericht", vbExclamation, "Keinen Zugriff"
End If
Exit_Befehl67_Click:
Call Befehl57_Click
    Exit Sub
Err_Befehl67_Click:
    MsgBox Err.Description
    Resume Exit_Befehl67_Click

End Sub
```

Der Code Fragt ab ob es sich um einen Admin handelt, danach wird der Anwender aufgefordert ein Passwort einzugeben. Stimmt das Passwort überein wird die Haupttabelle „Fotopool" geöffnet, sodass der Admin die Sichtbarkeit von Bildern auf Wunsch einschränken oder freigeben kann.
Selbige auf dem Formular „Start", wo es einen für den Administrator erstellbaren Bericht gibt.

**Bericht mit Adminrechten**

# 6. Test / Funktion der Datenbank

Unser Startinterface der Datenbank:

Unter dem Punkt „Bearbeitungsformulare" findet man alle Formulare, um weitere Datensätze in die einzelnen Tabellen aufzunehmen. Man kann die Formulare ganz einfach über die Schaltflächen aufrufen und die geöffneten Formulare auch über diese Schaltflächen schließen. Das Hauptbearbeitungsformular ist das Blumensymbol, dort öffnet sich das „Foto" Formular, über das auch alle neuen Fotos eingefügt werden können.

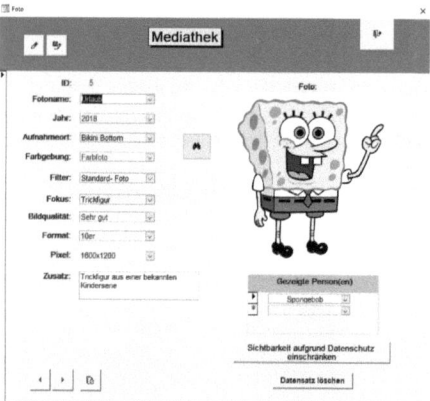

Ein weiterer Punkt, den man über unser Startinterface aufrufen kann, ist die Erstellung von einem „Fotobericht" oder „Personenbericht". Dieser Bericht enthält eine Gesamtübersicht von Datensätzen, die nicht unter „Datenschutz" stehen.

# 7. Einpflegen von Daten in die Datenbank

## 7.1 Einpflegen der Daten

Das Einpflegen der Daten erfolgt über unsere Haupttabelle „Fotopool" und das zugehörige Bearbeitungsformular ist „Foto", welche als große Blume auf unserer Startseite gekennzeichnet ist.

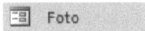

Nach dem Öffnen des Formulars kann ein neuer Datensatz eingefügt werden.

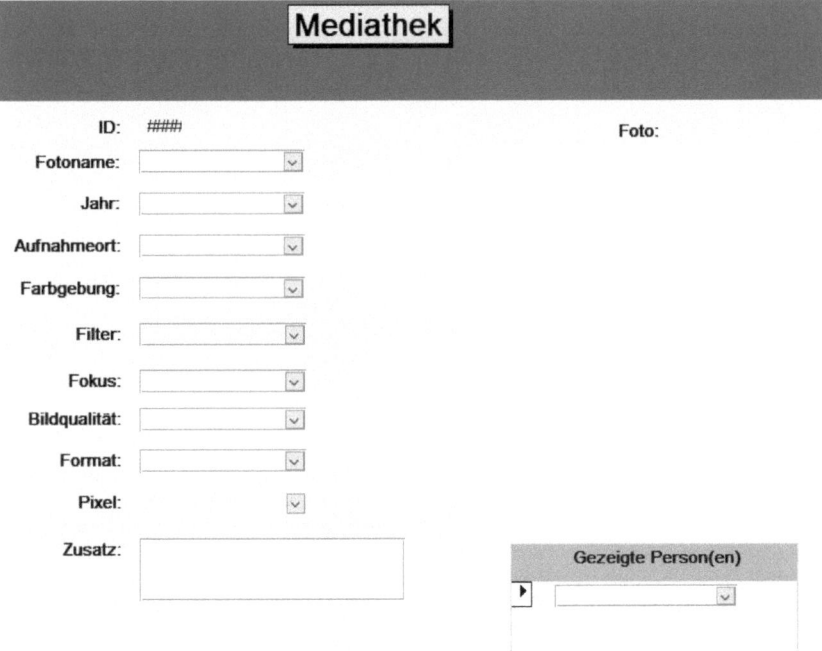

Das Einfügen erfolgt über die Kombinationsfelder, wo unter jedem Kombinationsfeld ein Bearbeitungsformular verknüpft ist, um weitere Auswahlfelder zu ergänzen. Das Foto kann per Rechtsklick auf das leere Feld unter „Objekt einfügen ..." erfolgen.
Danach öffnet sich ein Fenster und es ist „Bitmap Image" auszuwählen.

Nach öffnen von Paint muss nur noch das Bild, welches man in die Datenbank einpflegen möchte hochgeladen und Paint kann geschlossen werden.

**Zusatz:** Aufgrund der aktuellen Datenschutzbestimmung haben wir die Option offengelassen, dass der Administrator mittels Eingabe des Passwortes die Sichtbarkeit der Fotos einschränken kann.

## 7.2 Auftreten von Problemen aus dem ersten Testlauf

Als „Testlauf" verstehen wir das Einpflegen neuer Datensätze und die korrekte Aufnahme aller Parameter in die entsprechenden Tabellen. Beim ersten Versuch alle Datensätze korrekt zu erfassen, ist uns aufgefallen, dass wir im Formular „Personen" noch nicht die Möglichkeit hinterlegt haben, bereits eingepflegte Bilder ordnungsgemäß als Profilbild zuzuordnen. Das Problem wurde bereits behoben und Funktioniert jetzt einwandfrei.

Ansonsten hat das aufrufen der weiteren Formulare zur konkreten Datenerfassung reibungslos funktioniert. Alle größeren Probleme haben wir bereits unter dem Punkt „Problemanalyse" aufgefasst.

# 8. Generelle Problemanalyse und Lösung

**Aufgetretene Probleme:**

| I. | Im Unterformular Personenzuordnung war es nicht möglich Personen zu löschen |
| II. | Realisierung der Option des Datenschutzes |
| III. | Speicherplatz von 100 MB wurde am Anfang überschritten |
| IV. | Herstellen von einer referenziellen Integrität hat nicht funktioniert |

**Problemanalyse und gleichzeitiger Lösungsansatz:**

**Zu I.)**
Die Personenzuordnung zu einem Bild in der Datenbank erfolgt über ein Unterformular, das Problem war, dass wir bereits eingegebene Datensätze nicht mehr löschen konnten.
Natürlich sollte eine Person auf einem Bild auch wieder herausgenommen werden können, falls diese Person dort nicht namentlich erwähnt werden möchte. Nach einiger Zeit grübeln, um das Problem zu beheben, sind wir darauf gekommen, dass wir das Feld als Pflichteingabe gekennzeichnet haben. Sobald wir die „Pflichteingabe" = False gesetzt haben, hat es super funktioniert.

**Zu II.)**
Der Datenschutz ist ein sensibles Thema, darum haben wir uns Überlegt wie wir unsere Visualisierung so einschränken können, dass nur Bilder gezeigt werden, die auch von einem Administrator als sichtbar gekennzeichnet werden.
Wir haben in der Tabelle „Fotopool" das Feld „Öffentlich" als True/False eingefügt und eine Abfrage „FotopoolNS" als Lösung entwickelt.
Unser Formular „Foto" greift auf diese Abfrage zu und Filtert die Felder, die auf „Sichtbar=False" stehen heraus.

**Zu III.)**
Um den Speicherplatz etwas geringer zu halten, haben wir alle Bilder gelöscht und Sie erneut in einer komprimierteren Version eingefügt.

**Zu IV.)**

Aufgrund des Speicherplatzproblems hatten wir bereits Datensätze in der Datenbank und haben versucht eine Beziehung mit „RI" herzustellen. Das hat aber nicht funktioniert, da diese Datensätze nicht mehr existieren, somit mussten wir alle Felder die bereits gefüllt waren leeren und es hat funktioniert eine „RI" herzustellen.

# 9. Fazit zur Datenbank

Eine komplette Datenbank zu entwerfen ist eine Aufgabe für sich, da man von der Vorüberlegung bis hin zur Umsetzung jeden einzelnen Schritt bedenken muss. Darunter zählen leider auch Probleme, die man auf den ersten Blick nicht sieht aber unzählige Minuten zur Behebung bedarf. Durch die Nutzung der bereits gelernten Inhalte, hat man immer versucht diese auszubauen und verbessert in seine Datenbank einfließen zulassen. Im Hinblick auf das Berufsleben hat man die Inhalte gefestigt und ist eher bereit sich weiter mit dem Thema Datenbanken auseinanderzusetzen als vor diesem Modul.

Als Fazit würden wir für uns ziehen, dass gerade die Planung/ Vorüberlegung eines der wichtigsten Aspekte ist, da man gerade dort die komplette Struktur der Datenbank festlegt.

Eine gut strukturierte Datenbank kann einen Großteil von Fehlern in der Umsetzung auf ein Mindestmaß reduzieren.